Sæt i gang!

© 2015 Forfatterne

Redaktør: Kim Jensen og Jesper Hjelm Kristensen
Ansvarshavende redaktør: Hasse Møller
Layout: Kenn Lillienfryd og Mikki Christensen
Korrektur: Gitte Miller Jørgensen og Mille Nygaard
Forlag: Books on Demand GmbH, København, Danmark
Tryk: Books on Demand GmbH, Norderstedt, Tyskland

ISBN: 978-87-7170-053-4

Sæt i gang!

En inspirationsbog med konkrete eksempler på natur- og værk-stedsaktiviteter i det pædagogiske arbejde.

Indholdsfortegnelse

Kære igangsætter!

Denne bog er tænkt som en inspiration til dig, der arbejder eller vil arbejde med natur- og værkstedsaktiviteter og som ønsker konkrete eksempler på planlægning og gennemførelse af aktiviteter for børn og unge. Bogen giver eksempler på, hvordan disse aktiviteter kan tilpasses målgrupper inden for mennesker med nedsat funktionsevne og socialt udsatte. Bogens ni drejebøger tager afsæt i en drejebogsskabelon, du, som igangsætter, kan anvende og videreudvikle i andre sammenhænge med et andet indhold og i forhold til andre målgrupper.

Vi ønsker dig rigtig god læsning og fornøjelse med aktiviteterne – sæt i gang!

Vind et godt samarbejde

Af Charlotte Christensen, Maria Jacobsen, Mille Nygaard og Sarah Svensson

Samarbejdsøvelser kan være sjove og ofte lærerige. De styrker det sociale samspil og kan være en god måde at skabe relationer på. Derfor kan aktiviteten hjælpe til at styrke det nødvendige sammenhold, og få konkurrencegenet i spil.

Drejebogen dækker over en samarbejdsaktivitet, som indeholder to konkurrencer. Den første konkurrence kaldes bålkonkurrencen og den anden byggekonkurrencen. Begge konkurrencer handler om samarbejdet mellem to mennesker og udfordringen, der ligger i det. Målet med aktiviteten er at styrke de unges indbyrdes relationer, tillid til hinanden samt forsøge at flytte grænser hos den enkelte deltager. Derudover er formålet med aktiviteten, at have fokus på at skabe succesoplevelser i arbejdet med socialt udsatte.

Pædagogiske overvejelser

Samarbejdsøvelserne kan med succes laves med de fleste. Her har vi valgt at fokusere på socialt udsatte børn og unge. Børn og unge udvikler deres sociale kompetencer, når de knytter sig til andre mennesker, samarbejder og sætter sig i andres sted. Aktiviteten her er en tilgang, hvor de unge er nødsaget til at arbejde afhængigt af hinanden. Da deltagerne under aktiviteten er sammenbundet, er de nødt til at respektere hinanden og arbejde sammen for at løse opgaven. Derudover provokerer konkurrencen og det

8

fælles tredje til, at deltagerne bliver mere målrettede, hvilket kan styrke sammenholdet i gruppen.

Begge konkurrencer kræver meget fokus på kommunikation, og det er vitalt for samarbejdet, at gruppen har et fælles mål og har en fælles forståelse for, hvordan de kommer frem til målet. Heri er det nærliggende at arbejde med emner som *tålmodighed, afhængighed og tillid*. Alt efter den sociale sammenhæng har de unge behov for at deltage helt eller delvist i fællesskaber, så de får mulighed for, at skabe eller viderebygge relationer til andre unge. De unges identitet bliver skabt gennem relationer, og deltagelseserfaringer i en pædagogisk ramme kan styrke individets personlige udvikling gennem øget selvindsigt, men også bidrage til nye relationer. Konkurrencerne skal presse dem til at se indad og få en oplevelse af, hvad de selv kan bidrage med til fællesskabet.

Byggekonkurrencen giver særligt anledning til at arbejde mere dybdegående med emnet *tillid*. Når deltagerne i byggekonkurrencen skal samarbejde om at holde søm og styre hammeren, bliver deltagerne udfordret. I forhold til socialt udsatte unge er det relevant at have fokus på det grænseoverskridende i at skulle stole på, at den anden ikke slår en over fingrene, men også det grænseoverskridende i, at være bundet tæt sammen og være afhængig af hinanden.

Det er reelt udfordrende øvelser, så du må som pædagog eller tovholder overveje, hvem du sætter sammen i grupper, for at gøre aktiviteten til en succes.

Bålkonkurrence

Forberedelse: Anskaf de oven-stående materialer. Det første I gør er, at tage de to pinde og føre dem ca. 3 cm ned i jorden med ca. 40 cm mellemrum. Snor i mellem Derefter skal materialerne til bålet lægges i nærheden evt. med afstand på 20 m. Nu skal deltagerne bindes sammen to og to. Først bindes benene sammen og derefter armene. Når deltagerne er bundet sammen skal de lægge brænde ud til et begyndende bål. Herefter skal de samarbejde om, at tænde bålet med tændstikkerne og her ligger kunsten i, at få flammerne til at brænde snoren over hurtigst. Det hold, som får snoren brændt over hurtigst, har vundet konkurrencen.

Redskaber:
Småt brænde, aviser, tændstik-ker, ca. 2 mm snor, 2 pinde, gaffatape og vand
Antal deltagere:
Ubegrænset, deltagerne skal deles ud 2 og 2.
Alder:
13 - 18år
Tid:
Ca. 30 minutter
Sted: Udendørs aktivitet
Årstid:
Hele året
Målgruppe:
Socialt udsatte unge

Byggekonkurrence

Forberedelse: Anskaf de ovenstående materialer og læg dem klar på stedet, hvor konkurrencen skal foregå. Deltagerne er fortsat bundet sammen og skal nu samarbejde om, at bygge en ramme med en hammer, fire brædder og 8 søm. Alle fire brædder og otte søm skal bruges til fremstillingen af rammen, som sømmes sammen hjørne mod hjørne. Det er op til den enkelte deltager, hvordan opgaven gribes an. Det hold, som får bygget en ramme hurtigst, har vundet konkurrencen.

Redskaber:
4 stk. brædder, søm, hammer, gaffatape og reb til at binde arm og ben.
Antal deltagere:
Ubegrænset, deltagerne skal deles ud 2 og 2.
Alder:
13 - 18år
Tid:
Ca. 15 - 20 minutter
Sted:
Udendørs/Værksted
Årstid:
Hele året
Målgruppe:
Socialt udsatte unge

Tips og ideer

Aktiviteten kan også udføres i en almindelig børnegruppe eller som teambuilding for voksne. Her kan sværhedsgraden tilpasses aldersgruppen ved, at I for eksempel kan sænke eller hæve snoren ved bål konkurrencen og/eller samle den første side i rammen i byggekonkurrencen.

I kan også lave lignende aktiviteter med mennesker med nedsat funktionsevne, hvis man har fokus på det sociale og udfordringen i at være bundet sammen, dog måske med andre konkurrencer i spil.

Bål & snobrød

- Ild i det fælles tredje

Af Kenn Lillienfryd, Leon Suliman, Mads Skibsted, Nanna Holmgaard og Stine Jensen

I årtusinder har bålet været samlingssted for mennesker. Selvom vi i dag ikke har brug for at lave bål, er det stadig dragende og et sted, hvor man kan have samvær med mulighed for fordybelse, samtale, at lave mad m.m.

Redskaber: Knive, save, tænd-stikker og evt. avispapir til optænding
Materialer: Snobrødspinde, brænde, snobrødsdej (se opskrift), bålplads
Antal deltagere: Min. 4 pers.
Alder: 3- 100 år
Tid: 40 min. →
Sted: Udendørs
Årstid: Hele året
Målgruppe: Unge med sociale problemer

Aktiviteten vil bestå af snobrødsbagning over bål, samt socialt samvær ude i naturen. I aktiviteten vil der være fokus på at styrke relationerne, da det er grundpillen i al pædagogisk arbejde. Derudover arbejdes der med det fælles tredje og sociale færdigheder.

Pædagogiske overvejelser

Ved en aktivitet som bål og snobrød har man mulighed for, at flytte fokus, fra den uges problemer og individernes relationer, til selve aktiviteten. Ved at benytte det fælles tredje

som i dette tilfælde er bålet, og det samarbejde der hører med, vil man styrke relationerne, uden at der er fokus på det.

Bålets mange ressourcer

En god bålplads kan være et godt pædagogisk værktøj. Det er et perfekt samlingssted og de fleste finder en ro, ved at kigge ind i flammerne efter en måske stresset hverdag. Der er mange muligheder for aktivitet omkring bålet. Det kunne for eksempel være historie fortælling, frisnak, eller i vores tilfælde socialt samarbejde via bål madlavning, hvor der er mulighed for, at opleve naturen som en brugbar ressource.

Naturen som læringsrum

Udendørs kan der skabes læringsrum, som ikke lader sig gøre indendørs. Forskning viser, at både børn og voksne, der er aktive i naturen, opnår større glæde ved den fordybelse og ro, man får i naturen. Udendørspædagogikkens metoder er aktivitetsskabende, og skaber mange muligheder for nærkontakt og socialisering, og dermed bidrager naturen til den pædagogiske læring. Gennem en mangfoldighed af konkrete og håndfaste metoder, trænes brugeren i naturen, i at tolke og analysere processer og fænomener. I vores tilfælde bliver brugeren blandt andet trænet i sociale processer, samt diverse naturfænomener.

Gruppedannelse
At arbejde i grupper giver gode muligheder for, at danne gode og nye relationer til hinanden. Man skaber en gruppekultur, hvor man nemmere kan identificere sig med hinanden. Derudover skabes der gruppe normer, som forventes at blive overholdt. Som fagperson kan man angive tonen i gruppen, og skabe en fornemmelse af tryghed og sikkerhed, ved at være et forbillede for gruppen. Hvis man vil opnå aktiv deltagelse og medansvar fra brugernes side, må man vise åbenhed og ægte interesse for gruppen. Når der snakkes friluftsliv, er den lille gruppe et rigtig godt sted at tage udgangspunkt i. Den lille gruppe kan være med til, at bidrage til udvikling væk fra anonymitet og ensomhed.
Der er en større chance for, at få et personligt forhold til andre i en lille gruppe, da man ofte er mere interesserede i hinanden end i den store gruppe. I fagsprog kan det betegnes som nær-, primær- eller face-to-face-grupper.

Fremgangsmåde
Det er vigtigt at I, inden I går i gang, har gjort jer nogle overvejelser omkring arbejdsfordeling og målet med dagen. Start derfor dagen med, at fordele opgaverne mellem jer, så i fra starten af har samlet alle de redskaber og materialer, i skal bruge til dagens

16

aktivitet. Det er vigtigt, at i får lavet et godt bål som kan give nogle gode gløder, da det er dem, der skal bruges, når i skal lave snobrød. Pagode er en brugt metode til et optimalt lejerbål. Der skal derfor flækkes nogle mindre stykker træ, som stables i en firkant, så ilden kan få luft og derfor brænder godt (se illustration).

Derpå til bageriet

1. Rør gæren ud i lunkent vand og tilsæt saltet.
2. Hæld næsten alt melet i og ælt dejen. Først med en grydeske eller en gren og til sidst med hænderne, til den bliver fin og glat. Hvis den stadig er for klistret, tilsæt lidt mere mel.

> Dej til cirka 6 personer
> - 3 dl. Vand
> - 25 g. gær
> - 1 tsk. Salt
> - 500 g. mel
> - En skål
>
> evt. en grydeske eller en afbarket gren
> evt. et viskestykke
> Snobrødspinde, der er spidset i enden

3. Dæk dejen til med et viskestykke og lad den stå lunt og hæve i omkring en halv time.

Find en snobrødspind. Afbark og spids den ene ende. Pinden må gerne være lang så du ikke skal sidde helt inde i bålet. Tag en klat dej, og rul den til en lang pølse. Sno pølsen rundt omkring pinden. Husk: jo tyndere brød, desto hurtigere bliver det bagt.

Så skal snobrødet bages, og det er her at din tålmodighed skal stå sin prøve. De fleste af os stikker bare brødet ind i den nærmeste flamme, og sidder fem minutter efter og skraber, på en kulsort klump der stadigvæk har dej i midten. De mere tålmodige holder snobrødet over nogle gløder, så hæver og bager det stille og roligt lysebrunt og lækkert. Det tager omkring et kvarter.

Tips og ideer
Denne aktivitet kan naturligvis, benyttes af alle målgrupper med mindre justeringer. Som tilbehør til snobrød kan man vælge, at bruge ketchup, syltetøj, pølser eller hvad man selv synes der kan høre til.

Leg med lys

Af Gitte Miller Jørgensen, Louise Juel Petersen, Sasja Blicher Hansen og Stine Hansen

Brug duftlys og fremstillingen af lys som et terapeutisk og sansemæssigt værktøj i arbejdet med børn og unge med særlige behov. Duften er med til at skabe en behagelig og afslappende atmosfære og danner grobund for en vellykket lysfremstilling.

Målgruppe:
Børn og unge med særlige behov
Antal deltager:
Ubegrænset
Alder:
Børn og unge afhængig af udviklingsstadie
Tid/varighed:
½ time – 2 timer
Sted:
Ved komfur/bål
Årstid:
Vinter/forår: indendørs over komfur

Sommer/efterår: udendørs over bål (OBS temperaturen på stearinen må ikke overstige 90 *C)

Når vintermørket sænker sig udenfor, kan man få lyst til at tænde et par lys og hvorfor ikke selv fremstille dem? Især hjemmelavede duftlys kan være med til at skabe en hyggelig atmosfære. Dufte som jasmin og lavendel virker afslappende, beroligende og dæmper angst, uro, nervøsitet og stress.

Ofte kan børn og unge med særlige behov have vanskeligheder med motorikken, og derfor kan det være en god idé, at udvikle motorikken gennem alternative metoder, som f.eks. fremstilling af lys.

I arbejdet med fremstilling af lys opstår der en sanseintegration. Dette sker ved at flere sanser kommer i spil samtidig. Taktilsansen, lugtesansen og synssansen bliver alle sammen stimuleret i udførelsen af dette projekt.

Hvis man vil afprøve en alternativ metode til at udvikle finmotorikken og stimulere sanserne, vil dette projekt være oplagt at give sig i kast med.

Pædagogiske overvejelser

Alle mennesker oplever en medfødt nysgerrighed og trang til at udforske forskellige ting i livet f. eks ved at røre, lugte, føle osv. Når man arbejder med en aktivitet som denne, skal man være opmærksom på netop denne sanseintegration, som sker ved, at flere sanser kommer i spil på samme tid. Hjernen skal være i stand til at bearbejde dem alle sammen på én gang, ellers kan der opstå en sanseintegrationsforstyrrelse - hvilket kan udmunde sig i adfærdsvanskeligheder.

Dette kan være en udfordring for børn og unge med særlig behov og derfor kan denne aktivitet være med til at fremme bearbejdningen af denne sanseintegrationsforstyrrelserne og de kan lære at håndtere flere forskellige sanser på én gang.

Sanserne har en stor betydning for udviklingen af både grov- og finmotorikken og hvis sanserne bliver stimuleret til at styrke barnets/den unges motoriske udvikling, kaldes det "sansemotorik", og det er netop dette begreb denne aktivitet berører.

Finmotorikken kommer blandt andet i spil, når barnet/den unge skal binde en knude på vægen for at fæstne denne på træpinden. Grovmotorikken kommer f.eks. i spil, når barnet/den unge dypper lyset ned i den varme stearin, og når stearinen hældes op i formene til støbning af bloklys.

Dufte kan have stor indvirkning på barnets/den unges sindsstemning og kan være med til at skabe en rolig og behagelige stemning omkring aktiviteten. Dog er det vigtigt at være opmærksom på, om deltagerne er særligt sensitive over for duftepåvirkning.

Fremgangsmåde
At dyppe lys
1. Lav et vandbad i en gryde og smelt stearinlysstumperne i et kar eller en konservesdåse i vandbadet. Tænd for emhætten eller åben et vindue. Støbemassen i karret holdes varm ved hjælp af det varme vandbad, og temperaturen bør kontrolleres indimellem (OBS! Stearinmassen må ikke overstige 90 °C).

2. Klip et stykke væge og bind det fast på en træpind.

3. Dyp hele vægen ned i stearinen. Dyp hurtigt, da den nederste del af lyset ellers kan smelte. Lysene skal dyppes jævnt og hurtigt, da ujævn dypning giver ujævne lys. Hvis der dannes skum eller luftbobler på overfladen af massen, kan dette fjernes med et stykke karton.

4. Lad lysene størkne og afkøle mellem hvert dyp.

5. Umiddelbart efter det sidste dyp skal lysene afkøles hurtigt udendørs. Hvis lysene hænges til tørre indendørs i stuetemperatur, vil de bøje sig udad på grund af manglende og ujævn afkøling.

At støbe lys

1. Lav et vandbad i en gryde og smelt stearinlysstumperne i et kar eller en konservesdåse i vandbadet. Tænd for emhætten eller åben et vindue. Støbemassen i karret holdes varm ved hjælp af det varme vandbad, og temperaturen bør kontrolleres indimellem (OBS! Stearinmassen må ikke overstige 90 °C).

Hvis lysene skal blive til duftlys, kan du tilsætte et par dråber duftolie i massen.

Duftolien kan være farlig at indtage, så vær derfor påpasselig i arbejdet med denne. Brug alternativt krydderier eller tørrede blomster, hvis deltagerne er overfølsomme over for kraftige dufte eller hvis I ønsker at spare penge.

2. Klip et stykke væge og bind det fast på en træpind eller brug voksede væger, som er monteret på en metalplade, hvis du skal lave et mindre lys.

3. Når støbemassen har en temperatur på 82-90 °C hældes den i formene. Hvis lysformene er af glas, pap eller tyndere plast, så bør temperaturen ikke overstige 82 °C.

4. Dæk lysene til og lad dem afkøle langsomt. Hvis lysene skal være flerfarvede, så skal hvert farvelag størkne før de næste lag hældes i formen, da farverne ellers løber ind i hinanden.

5. Når lyset har størknet en tid, dannes der en fordybning i midten. Stik derfor hul på den størknede overflade med en nål, og fyld derefter op med støbemasse indtil overfladen igen er plan. Dette kan være nødvendigt at gentage flere gange. Undlader du at fylde lyset op, vil der blive dannet et hulrum inde i lyset.

6. Når lyset er størknet og afkølet, skal du klippe knuden på vægen af, og lysene tages forsigtigt ud af formene. Hvis lysene ikke vil slippe formene, kan de stilles i køleskabet et stykke tid. Når lysene afkøles, trækker de sig sammen, og er derfor lettere at få ud af formene.

Tips og ideer

Afslutningsvis kan du med en tynd træpind (tændstik uden svovl) pynte lyset med smeltet hvid stearin (eller en anden farve) og på denne måde sætte dit eget kreative præg på dit hjemmelavede lys. For yderlig uddybning og inspiration, gå ind på:

- http://www.pandurohobby.dk/~/media/Item%20Media/PDF/ VL/600206.ashx

Når dine hjemmelavede lys er brændt ned og du kun har stumperne tilbage, kan disse anvendes til at dryppe lys. Du skal blot bruge et glas med vand og dine lysstumper. Tænd lyset og lad stearinen dryppe ned i vandet og lav flotte mønstre. Når stearinen er størknet, kan du prikke et hul i pladen med en nål og føre en tråd igennem og derefter hænge pladen op til pynt.

Disse aktiviteter er ikke begrænset til børn og unge med særlige behov og kan derfor nemt laves sammen med børn, udviklingshæmmede eller mennesker med sociale problemer.

Den kreative kartoffel

Af Camilla Haslebo Rasmussen, Irma Idriz, Isabella Solarz, Jonas Christiansen og Søren Lund

Redskaber:
Knive, skærebræt, malingsredskaber og sprittusch

Materialer:
Kartofler, maling, lærred, lysesiv og rapsolie

Antal deltagere:
Ubegrænset i alderen 8-10 år
Tid:
Heldagsprojekt
Sted:
Værksted
Årstid:
Forår
Målgruppe:
Børn og unge

Kartofler kan bruges til meget mere end at blive spist! Denne lille guide giver inspiration til at kunne skabe en dejlig stemning med lys på bordet – lavet af kartofler og plads til den kreative udfoldelse med kartoffeltryk. Du kan styrke dine motoriske færdigheder ved at lave fine små detaljer i din kartoffel.

Så kom i gang! Så sæt dig ned, lad dine idéer spille frit og hyg dig i lysets skær fra dit trofaste kartoffellys.

Når børnene har lysten til at skabe noget kreativt og nyt, kan det være svært, hvis pengene ikke slår til. Derfor er denne aktivitet et heldagsprojekt med maling og kartofler, som er en billig, nem, lærerig og ikke mindst hyggelig løsning.

Du kan sidde inden for en vinterdag og se sneen falde ned eller du kan sidde uden for en varm sommerdag og lytte til fuglenes sang. Der er ingen begrænsninger for hvor og hvornår; dog skal lyset kunne holde sig i live for blæst og vind.
De små fingre kommer på arbejde, når kartoflen skal udhules således, så den kan indeholde olien samt ved kartoffeltrykket, der skal formes efter jeres kreative udfoldelser. Så følg guiden og få en skøn og hyggelig dag med din institution eller børnene derhjemme. God fornøjelse!

Pædagogiske overvejelser
Motoriske færdigheder: At kunne skære lige linjer, udhule kartoflen og forme kartoffeltrykket.

Samarbejde: Deltagerne lærer, hvordan man samarbejder i grupper i forhold til evighedslyset.

En æstetisk læreproces: Der vises, hvordan deltageren skal udføre aktiviteten som giver et indtryk, derefter udtrykker de deres eget indtryk gennem evighedslyset/ billedet.

Udfolde sine kreative sider: Den kreative tænkning bliver fremmet hos deltageren.

Fælles tredje: deltagerne skaber et fælles tredje ved samarbejde og deres kommunikative færdigheder.

Fremgangsmåde

Aktiviteten er delt op i to aktiviteter; den første aktivitet går ud på, at dele klassen eller gruppen op i smågrupper, som skal samarbejde om at lave et evighedslys. Man skærer toppen og bunden af kartoflen, udhuler kartoflen og fylder olie i hullet. Når lysesivet bruges som væge, "skrælles" den ene halvdel af sivet. Derefter skubbes marven rimelig nemt ud med neglen. Vægen rulles sammen og lægges ned i den udhulede kartoffel og derefter trækker man vægen lidt op af olien og den er klar til tænding.

Den anden aktivitet går ud på at lave kartoffeltryk. En kartoffel halveres, man tager en sprittusch og tegner det mønster, man ønsker på kartoflen. Skær det overflødige kartoffel væk, altså det som ikke skal bruges til trykket og påfør herefter den ønskede farve maling. Herefter er det blot at presse kartoflen ned på et lærred og gå i gang med at smukkesere det.

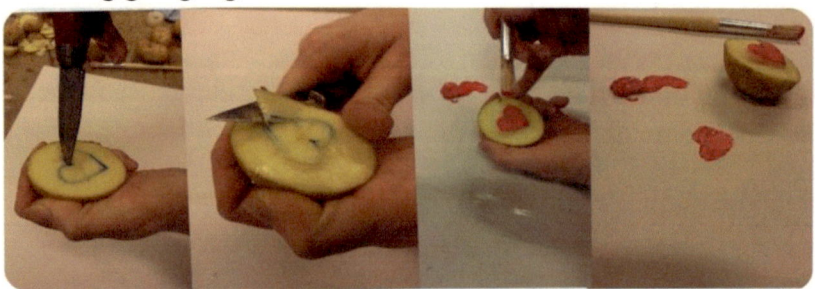

Tips og ideer

Heldagsprojektet er en god aktivitet til at styrke de motoriske færdigheder hos barnet og det kræver stor koncentration, når I skal udhule kartoflen, så vær forsigtig og husk, at man skal give sig god tid, så man ikke forhaster sig og kniven smutter. Hvis man har et ønske om at have samarbejdsøvelser med i opgaven, kan man blot fortælle deltagerne, at de har et lærred og at de i fællesskab skal beslutte, hvordan det skal smukkeseres. Dette kan gøres ud fra et tema, et baggrundsbillede eller også kan billedet fortælle en historie. Ved denne metode skal deltagerne samarbejde om at finde en løsning og snakke om udførelsen, inden de går i gang. Denne metode kræver større koncentration, fordi deltagerne er ved at kreere noget, som er af betydning for dem og derved skærpes koncentrationen automatisk. Begrebet flow kan benyttes til teori her, da flow er en harmonisk tilstand af fuld opmærksomhed om og engagement i en aktivitet som evighedslyset eller kartoffeltrykket.

Uro i skoven - ro i sindet

Af Jesper Hjelm Kristensen, Martin Uldall-Jessen, Nanna Kølleskov Møller, Nikolaj Søgaard Larsen, Ronni Rasmussen og Tenna Villadsen

At lave en uro kan få en simpel tur ud i Danmark til at blive til noget mere. Det kan give et mindeværdigt produkt, der holder længe og som er præget af den individuelles fantasi og interesse. Efterfølgende kan den bruges til samtaler om naturen og dens indhold.

Skoven byder som altid på en masse materialer og er et mekka for bør-

Redskaber:
Saks, poser til opsamlede ting og tusser
Materialer:
Grene til uro (f.eks. en troldegren), karton, sytråd/fiskesnøre og ting fra naturen
Antal deltagere:
Ses i forhold til normering og motoriske evner.
Tid:
1-3 dage
Sted:
Skov (eller andet naturområde)
Årstid:
Alle årstider.
Målgruppe:
Alle børn 3-10 år

nene, når der er brug for at give gas for både lydniveau og aktivitet. Ved at lave en uro, får børnene både mulighed for at bevæge sig, når de leder efter blade og materialer, men børnenes koncentration og samarbejdskompetencer bliver desuden også sat på en prøve, når uroen skal samles. Det er kun fantasien, som sætter grænserne for jeres projekt.

Efter en tur i skoven, hvor børnene får samlet deres ting skal noget af materialet eventuelt tørre og aktiviteten kan derfor let udvides til flere dage. Brug bøger undervejs til at skaffe information om de ting, der findes.

Pædagogiske overvejelser

I denne aktivitet tilegner børnene sig igennem arbejdet med uroen viden om skoven i den givne årstid og de valgte dyr og deres levevilkår.

Der ligger mange pædagogiske overvejelser i aktiviteten; blandt andet sansning. Dette sker, når børnene er ude i skoven og kan mærke den, føle og røre på de ting, de finder og ved at opleve alle skovens dufte fra bladene, træerne, en sø og dyrene.

Motorisk er der mulighed for, at børnene kan arbejde med deres grovmotorik, da skovens terræn og udformning er et godt læringsrum. Derudover kommer børnene til at arbejde med deres finmotorik, når de senere i forløbet skal arbejde med deres uro og sætte snor på tingene, klippe dyr ud og tegne.

I arbejdet med uroen skabes et læringsrum for børnene, hvor de får mulighed for at arbejde kreativt og udfolde sig æstetisk på hver deres måde.

Derudover er formålet også, at børnene i projektet skal samarbejde om udførelsen af uroen. Herigennem arbejde med deres sociale kompetencer, hvilket kræver at børnene i projektet arbejder sammen om at skabe et fælles produkt. I det sociale samarbejde får børnene mulighed for at udvikle og fordybe sig i projektet med uroen og har derved mulighed for at opnå en individuel/fælles flowtilstand.

Fremgangsmåde

Denne aktivitet kan laves som uro alene, men kan også kædes sammen som et mindre forløb over 1-3 dage. Her foreslås det, at aktiviteten laves i forbindelse med et mindre læringsforløb. Aktiviteten er udarbejdet for en børnegruppe i en daginstitution, som arbejder sammen i grupper af 3-4 børn, hvor hver gruppe skal lave en uro.

Den første dag foregår i institutionen, hvor du snakker med børnene om skoven. Her kan samtalen omhandle dyrelivet og plantelivet i skoven. Få børnene til at være en del af samtalen, ved eksempelvis at få dem til at nævne de dyr og planter, som de kender til i skoven. Vælg i samarbejde med børnene, hvilket dyr uroens tema skal omhandle. Børnene skal nu tegne og klippe det valgte dyr ud, så det senere kan hænges på uroen. Sørg eventuelt for at finde billeder eller skabeloner til børnene, hvis aldersgruppen ikke selv kan tegne dyret. Det udklippede dyr kan eventuelt lamineres, inden det hænges på uroen.

Aktivitetens anden dag kan foregå i skoven. Her begynder du skovturen med at snakke med børnene om det, de ser og

34

bygger videre på samtalen fra dagen før. Efterfølgende begyndes en læringsproces, hvor børnene præsenteres for det valgte dyr. Børnene skal derefter ud og undersøge skoven på egen hånd og indsamle materialer til deres uro. Hvis det indsamlede materiale er vådt, skal dette lægges til tørre, så der kan arbejdes videre med det på aktivitetens tredje dag.

Den tredje dag skal uroen fremstilles. Børnene sættes i deres grupper og samarbejder om at udvælge de ting, som de mener, der passer til deres uro. Blade og lignende kan lamineres så det lettere kan hænges op på uroen. Efter laminering sætter børnene snor i deres ting; dette kan være en sytråd eller fiskesnøre. Efterfølgende hænger de deres ting på uroen. Når uroerne er færdige afrundes aktiviteten med at lade børnene fortælle om deres uroer og om de ting, de har valgt at hænge på den.

Tips og ideer

Der er mulighed for at arbejde videre med uroerne, da det påhægtede materiale kan udskiftes eller der kan tilføjes mere og flere forskellige dyr. Hvis I på skovturen finder spor fra det dyr, som gruppen arbejder med, kan I også lave en gipsafstøbning af aftrykket, som kan tilføjes uroen.

I stedet for at lave flere og mindre grupper med hver deres uroer, er det også en mulighed, at du laver en stor uro sammen med hele børnegruppen eller udpeger et træ i skoven, som du gør til uro og lader børnene hænge deres ting op i træet.

Denne aktivitet kan også laves med andre børnegrupper eller andre grupper, som du finder aktiviteten god til; f.eks. mennesker med nedsat funktionsevne.

Sjov med tov

Af Adela Christensen, Christian Grønbæk, Henrik Lønborg, Mathias Møllmann, Mikki Christensen og Tim Petersen

Natur, sjov og inklusion er nogle af de nøgleord, der udspiller sig i denne aktivitet. Har du og din brugergruppe mod på en spændende aktivitet med samarbejde og enkeltmandspræstationer, skal I kaste jer ud i netop denne. Aktiviteterne er med til at styrke sammenholdet, selvtilliden, selvværdet og en række flere både psykiske og fysiske kompetencer.

Redskaber:
Reb min. 3 stk á 20 m
Reb min. 10 stk á 3 m
Antal deltagere:
5-12 deltager i alderen 8-12 år
Lokation:
En skov
Årstid:
Alle årstider
Målgruppe:
Socialt udsatte og normal området

Aktiviteten er delt op i to dele; en enkeltmandsøvelse og en samarbejdsøvelse.

Den første del, som er enkeltmandsøvelsen, går ud på, at man finder et passende sted, hvor man binder et reb op foroven og forneden. Herefter forbinder man rebene mellem to træer. Højden og mellemrummet mellem rebene skal tilpasses, så de passer til brugernes højde.

Når man har bundet rebene op i en passende højde, er det meningen, at brugerne skal bevæge sig fra den ene ende til den anden. Der kan i opsætningen af rebene vurderes sværhedsgraden af øvelsen i forhold til, om brugerne skal bevæge sig op ad en skrænt eller om brugerne skal passere en å eller lignende. Disse beslutninger er op til de personer, der udfører øvelsen.

Den anden del af øvelsen, som er samarbejdsøvelsen, går ud på, at der bindes flere reb op, f.eks. mellem de samme to træer, som blev brugt i første del. Disse reb skal bindes op så de krydser hinanden og danner en form for et spindelvæv. Meningen med øvelsen er, at brugerne skal bevæge sig igennem hullerne, som rebene danner, uden at brugerne rammer rebene. Ydermere må der kun være én person, der må bevæge sig igennem et hul. Derfor skal der sørges for, at der er lige så mange huller, som der er brugere. Gruppen af brugere skal samarbejde om at få brugerne igennem hullerne og selv udarbejde en strategi for, hvordan gruppen passerer.

Pædagogiske overvejelser

De faglige overvejelser omkring, hvorfor netop denne aktivitet bør vælges favner bredt. Den første del af aktiviteten, som er enkeltmandsøvelsen, er med til at styrke en række fysiske og psykiske kompetencer for det enkelte individ. Ifølge Anders Overgaard, som har beskrevet teori omkring tovpædagogik, er øvelsen med til at styrke brugerens styrke, koordination og smidighed. Ydermere er øvelsen med til at styrke brugerens selvtillid. Øvelsen skal dog reguleres i sværhedsgrad afhængigt af brugernes fysik, motorik og sociale kompetencer. Når sværhedsgraden reguleres efter brugernes evner, optimeres udbyttet af øvelsen i forhold til øget selvtillid.

Den anden del af aktiviteten er en samarbejdsøvelse, hvor gruppen arbejder sammen om det fælles mål; at gennemføre banen gennem et spindelvæv. Her kommer mange fysiske, mentale og sociale kompetencer i spil. Let, stærk, hurtig, smidig, reflekterende, ledelse, taktiske evner, samarbejdsevne, give plads til andre, at støtte og vejlede. Formålet med samarbejdsøvelsen er at styrke deltagernes selvværd, da der synliggøres værdi i vidt forskellige kompetencer.

Fremgangsmåde

Find et egnet sted til at spænde reb op til de to aktiviteter. Der bør være træer. Overvej, om det kan være i en skov og om der skal være bakket terræn. To reb bindes op. Nederst ét ca. 50 cm oppe på træet, og ét andet i en højde, så alle deltagere kan nå rebet, når de står på det nederste. I forbindelse med rebbanen findes en egnet placering til at opsætte et spindelvæv. Der bindes to reb mellem træerne, og der bindes et eller flere reb på rebene mellem træerne. Således at der er minimum 4 huller. Deltagerne deles op i grupper af minimum tre og op til seks medlemmer. Grupperne sammensættes med henblik på, at medlemmernes kvalifikationer kan supplere hinanden. Deltagerne instrueres om aktiviteternes forløb. Som minimum beskrives, at rebbanen gennemføres én deltager ad gangen og at alle gruppemedlemmer skal igennem spindelvævet samt at en gruppe kun må kravle gennem huller, der ikke er brugt af gruppen før. Når øvelserne er gennemført, spørges der til, hvad der gik godt og hvad der gik mindre godt og hvad deltagerne vil lave anderledes en anden gang.

Tips og ideer

Aktiviteterne kan gøres nemmere ved at mindske afstanden på rebene i rebbanen, øge hulstørrelsen i spindelvævet eller give flere instrukser til at starte med. Og sværhedsgraden kan øges ved at placere rebene højere, lave forskel mellem højden på rebene fra det ene træ til det andet, fjerne det øverste reb, gøre spindelvævets huller mindre, binde klokker i spindelvævet (der ikke må ringe) eller at sætte tid på øvelserne.

Nem og holdbar brugskunst

Af Carina Grøntved, Rikke Vejbæk, Lisbeth Berthold Hagen, Stine Jans og Thomas Trojel.

En nem, simpel og billig aktivitet - med flotte resultater, der ligner en million.

Antal deltagere:
ca. 1-15
Alder:
fra 5 – 100 år
Tid:
Forberedelsesfasen:
15 minutter.
Udførelse af selve aktiviteten:
30 min - 2 timer. (Husk at figurerne skal stå i 1 døgn, og tørre inden de males)
Sted:
Alle steder, dog er udendørs at foretrække.
Årstid:
Kan laves året rundt, men det skal være tørt i vejret og ingen frost
Målgruppe: Kan tilpasses alle målgrupper

Ler kan kræve meget bearbejdning. Et godt alternativ til det kunne være en betonblanding. Det er forholdsvist nemt og hurtigt at lave, billigt og ikke mindst er det en aktivitet, der kan tilpasses alle målgrupper og aldre. Der kan laves både figurer, lysestager og fuglebade til haven med beton. På de følgende sider vil vi give nogle eksempler på, hvordan beton kan bruges til andet end murerarbejde. I virkeligheden er det kun kreativiteten og fantasien der sætter grænser.

Pædagogiske overvejelser

Det fælles tredje kan hjælpe med relationen mellem pædagog – bruger og bruger – bruger. Desuden kan det medvirke til en ændring af status placeringen i det sociale fællesskab. Nærmeste udviklingszone kan hjælpe med at udvikle de evner som brugeren har eller gerne skulle opnå. Aktiviteten kan både gøres nem og mere avanceret og stadig skabe flotte resultater. Derfor kan man snildt bruge aktiviteten med henblik på Vygotskijs teori om Zonen for nærmeste udvikling. Aktiviteten vil med fordel kunne bruges til mennesker med sociale problemer.

Da disse mennesker kan have oplevet en masse nederlag, kan aktiviteten være god til at hjælpe dem med, at få en positiv oplevelse. Det kan også hjælpe brugeren med, at finde ud af om håndværk eller håndarbejde kunne være noget for dem

Fremgangsmåde

Sådan laver man betonblandingen:

1. Tag 1 del cement og kom i en spand.
2. Tag 4 dele sand og kom oveni cementen.
3. Rør det godt sammen.
4. Kom en smule vand i, indtil blandingen har en konsistens, som er ensartet men ikke for våd.

Huse:

Sværhedsgrad: Nem

1. Tag en afvasket mælkekarton og tape den sammen i toppen med gaffatapen.
2. Skær bunden af kartonen.
3. Hæld betonblandingen i kartonen.
4. Lad den stå og tørre i minimum 24 timer.
5. Tag ud af formen og slib eventuelle skarpe kanter.

Til beton
1 del cement
4 dele sand
Vand efter humør (må dog ikke blive for vådt)
Handsker
Huse
Mælkekartoner
Gaffatape
Saks
3 i 1 lysestage
Stor rund form
3 engangskopper
Groft sandpapir
Evt.
Alle disse ting kan også udsmykkes med maling, småsten eller andet godt.
Groft sandpapir til slibning (Betonbinder kan evt. tilsættes cementen for hurtigere størkning)

3-i-1 lysestagen:

Sværhedsgrad: Middel

1. Hæld betonblandingen i den valgte bøtte.
2. Sæt de 3 engangskopper i. Hæld gerne noget sand i, da betonen godt kan skubbe dem op, når den størkner.
3. Hvis lysestagen skal udsmykkes med små sten eller skaller, skal de lægges i, mens blandingen er våd.
4. Lad tørre i minimum 24 timer.
5. Tag ud af formen og slib eventuelle skarpe kanter.

Paddehatte:

Sværhedsgrad: Svær

1. Sav pindene til så de har den ønskede længde (**OBS**: De skal gerne have lidt tykkelse, da de skal kunne holde den færdige beton-paddehat).
2. Sæt to små søm i den ene ende af pinden og et stort i den anden ende.

Paddehatte

Rapid cement (alm. kan også bruges, tørrer dog langsomt)
Sand
Vand
Gammel spand eller bøtte til at blande i
Potter i forskellig størrelse (afgør str. på paddehatten)
Husholdningsfilm
Pinde alt efter humør
Små søm
Store søm

3. Det store søm kan også udelades. Pinden kan i stedet snittes til, så den nemmere kommer i jorden.

4. Fyld fugtigt sand i potten.

5. Lav en fordybning i sandet så paddehatten får den ønskede form.

6. Beklæd denne fordybning med husholdningsfilm.

7. Bland betonbladingen og put den i potten med film.

8. Vent et kort øjeblik og sæt så enden af pinden, med de to små søm, ned i massen.

9. Efter 5-10 minutter kan paddehatten udsmykkes med lameller, ved hjælp af et søm eller en pind.

10. Efter en time bør der løftes lidt i filmen, da der ellers kan komme en grim kant på paddehatten.

11. Lad tørre i minimum 24 timer.

12. Tag ud af formen og slib eventuelle skarpe kanter.

Hvis der ønskes andre resultater, kan der lægges blade i, inden betonblandingen hældes i.

For at lave andre størrelser kan potterne erstattes med alt fra snapseglas til vaskebaljer

Udsmykket med sten

Hvis der skal bruges udsmykning af sten eller andet i betonen, skal disse lægges i, mens betonen stadig er våd, så det kan størkne med ind i for eksempel lysestagen.

Maling

Hvis man skal male på beton, skal man være opmærksom på, at betonen skal grundes før den males, da det ellers vil virke som om, at betonen spiser malingen. En grunder kan købes i en malerforretning eller et byggemarked.

Til beton-tingene som skal stå udenfor, skal der bruges murma-ling, da den også vil kunne holde til at blive påvirket af vind og vejr, dog kan beton godt tåle at stå uden at være malet.

Skal beton tingene stå indenfor, kan der bruges den maling, man har ved hånden, når først det er grundet.

Tips og ideer

Denne aktivitet kan tilpasses alle brugergrupper, og egentlig er det blot de pædagogiske overvejelser for aktiviteten, som mulig-vis skal ændres, når der skiftes brugergruppe.

Hvis man ser på mennesker med funktionsnedsættelse, vil aktivi-teten også være rigtig god. Den kan være med til at give brugeren mere livskvalitet i hverdagen, da brugeren kan lave noget brug-bart, som alle kan få glæde af. Aktiviteten kan også hjælpe med at udvikle de motoriske evner, som brugeren har eller mangler.

Hvis man vil lave det med børn eller unge kan det gøres til en tre-dags-aktivitet, hvor man første dag går på stranden og henter sand og evt. små sten og muslinger. På anden dagen kan man så lave blandingen og de figurer man ønsker, og på tredjedagen kan man tage det hele ud af formene og evt. male.

Fedtkugler for krudtugler

Af Annika Christensen, Deanie Frederiksen, Gitte Jensen, Kim Jensen, Marlene Månsson og Trine Skovgaard

Antal deltagere:
4-8 deltagere pr. voksen
Portionen svarer til 40-60 fuglekugler, så antallet af deltagere kan øges hvis muligt, ellers kan portionen halveres.
Alder:
2-5 år.
Tid:
ca. 1 time
Sted:
Uden/indendørs
Årstid:
Vinter
Målgruppe:
Børnehavebørn

Giv fuglene et tiltrængt energitilskud i den kolde tid og fyld legepladsen med spændende fugle. Fedtkugler er nemme at lave, og samler børn og voksne i en aktivitet, som er både lærerig og gavner fuglene.

Om vinteren har fuglene brug for føde, og det er svært at finde, når frøene er faldet og bærrene rådnet. Fedtkuglerne giver fuglene et godt næringstilskud i den kolde tid. Samtidig lokker fedtkuglerne en masse forskellige fugle til, som skaber liv i haven eller på legepladsen. Derfor er fedtkugler ideelt at lave sammen med børn. I aktiviteten lærer børn om at drage omsorg for naturen og dens dyr. Børnene får mulighed for, at følge fuglene ude på legepladsen og de lærer, at der er mange forskellige arter af fugle.

Fremstillingen af fedtkugler er en oplagt mulighed for pædagoger og voksne for, at styrke relations-dannelse og andre kompetencer i arbejdet med det fælles tredje. I kan bruge tomme mælkekartoner som foderhuse til fedtkuglerne, derved kommer genbrug af resurser ind i aktiviteten som en naturlig del, og giver børnene mulighed for selv at bidrage til aktiviteten ved at medbringe kartonerne hjemmefra.

Fedtkuglerne som I nu skal i gang med at lave, laves med palmin og fuglefrø, alt efter hvad I ellers har af forskelige gryn i køkkenet. Eksempelvis kan havregryn, rosiner og andet tørret frugt også anvendes.

- Husk, at fugle ikke må fodres med nogen former for ukogte ris, da det kan være svært for fuglene at fordøje.

Pædagogiske overvejelser

Med denne aktivitet arbejder du med læreplanstemaet "Natur og naturfænomener". Aktiviteten giver børnene erfaring med naturen, som udvikler deres sprog, tanker og begreber om naturens fugle, udviklingen er en vigtig del af børnenes mentale, følelsesmæssige og fysiske udvikling. Igennem aktiviteten, er der mulighed for, at flere af jeres børn kan opnå en flowtilstand, det betyder for børnene, at de flyder ind i aktiviteten, hvor de føler sig så engageret, at de mister følelsen af tid og sted. Processen ved at fremstille fuglefodret i samspil med dig, giver ikke blot barnet mulighed for, at producere en fedtkugle, men giver også børnene lov til at opleve fugle tættere på end normalt. Du kan dermed bruge dette element som det fælles tredje. Når du laver denne aktivitet med en gruppe børn kan den være med til at styrke relationen mellem børnene, men også mellem dig og børnene, idet I får et fælles tredje. Det fælles tredje er når begge personer har en fælles ting at lave eller snakke om, når I fokuserer på det samme - i dette tilfælde aktiviteten. Det fælles tredje opstår også, når I senere sidder i vinduet og kigger på fuglene der spiser af jeres fedtkugler, og snakker om hvilke arter, I kan se og hvilken farve de har osv. Du kan ligeledes udnytte aktiviteten til eksempelvis et større fugleprojekt, hvor barnet får kendskab til naturens forskellige fuglearter. Søg eventuelt inspiration på internettet eller på biblioteket.

Fremgangsmåde

Mælkekartoner

I skal bruge nogle mælkekartoner. Dem kan børnene medbringe hjemmefra, så send besked med hjem i god tid, så I kan få samlet det antal, I skal bruge. De indsamlede kartoner skal fungere som beholder/ foderhus til fuglefoderet. Der skal laves huller i siden af kartonen, hvor fuglene skal sidde og spise. Start med at tegne hvor hullerne i kartonen skal være og klip derefter hullerne ud. Kartonen kan dekoreres, inden foderet hældes i. Husk at farverne skal være vandfaste, så de flot-

Materialer:
1 mælkekarton pr. barn
Stærk snor 30-40 cm til hver, (hvis I vil være naturvenlige, så kan hampesnor anvendes)
1 kg fuglefrø, nøddekerner eller havregryn
1 kg palmin

Redskaber:
Gryde (sørg for at portionens mængde kan være i gryden).
Kogeplade (bål kan også anvendes)
Grydeske
1 kniv
1-8 børnesakse (efter målgruppe)
1 voksensaks

te dekorationer ikke forsvinder i regnvejr.

Toppen skal ikke være åben, når den skal udenfor og hænge, så et par hæfteklammer lukker nemt toppen. For at kartonen kan komme op og hænge, skal der monteres en robust snor i toppen af kartonen. Lav et hul i toppen og træk din snor igennem. Snoren kan med fordel være af naturmateriale som for eksempel sisal, bast eller hampesnor.

Når kartonerne er færdige og klar til ophængning, skal I til at lave selve foderblandingen.

Fuglefoder

Palminen smeltes ved lav varme i gryden. Du kan bruge en kogeplade, bål, gasblus eller hvad der nu er tilgængeligt. Palminen skal ikke koge, så gryden kan blot fjernes fra varmekilden, så snart fedstoffet er smeltet.

Fuglefoderet hældes forsigtigt i det smeltede palmin. Husk at både gryde og palmin er varme.

De lette frøsorter som for eksempel solsikkefrø har en tendens til at flyde ovenpå, så rør rundt i massen inden den hældes op i den ønskede beholder. Når massen skal hældes i kartonen, kan man med fordel bruge en grydeske, som kan komme ind igennem hullerne i kartonen. Det er noget fedtet stads, så forklæder er en rigtig god ide.

Når foderblandingen er på plads i kartonen, skal den afkøles, så blandingen kan hærde og blive fast. Det går hurtigst i køleskab eller udendørs, men den kan også hærde ved stuetemperatur, så tager det blot længere tid.

Ophængning

Nu er det blevet tid til, at kartonerne med foderet kan hænges op i træerne på legepladsen. Vær opmærksom på, at det hovedsagligt vil være de kønne mejser, som kommer hvis kartonen hænger meget frit. Hvis I ønsker, at andre arter også skal have glæde af foderet, så er det en god ide, at hænge kartonen tættere på andre grene.

I stedet for mælkekartoner kan man benytte meget andet som beholder til foderet. Blandingen kan for eksempel hældes i kopper eller krus, hvor en snor bundet om en tandstik er lagt i bunden. Når blandingen er hærdet, kan kruset fjernes og foderet hænges op. Kokosskaller er også brugbare og yderst dekorative.

Husk at fuglene har brug for vand at drikke hele året, især når vandet fryser til, så giv dem samtidig en beholder med vand, når I er ude og hænge foderet op.

Tips og ideer

Aktiviteten er også velegnet til mennesker med sociale problemer. Eksempelvis kan børn med tilknytningsforstyrrelser opnå følelsen af, at de har en tilknytning til fuglene via projektet, fordi de føler, at de hjælper fuglene når de laver fedtkuglerne til dem. Børnene bliver mere engageret i projektet og dermed "fanger" man også de børn som har et ekstra behov.

Dog foreslår vi, at man afvejer det fuglemad der skal bruges, før aktiviteten går i gang for at mindske stressniveauet hos brugergruppen. Derudover ville det også være en fordel, at gruppen som skal lave aktiviteten, består af et mindre antal børn.

Højt at flyve, nemt at falde

*Af Christina Andersen, Malou Thygesen, Sacha Jespersen og
Sanne Roth*

Antal deltager:
Alle kan deltage, med mere eller
mindre støtte fra voksen
Alder:
6+
Tid:
Produktet tager 15 - 30 min afhængig
af hvor meget brugergruppen skal
fordybe sig i aktiviteten
Sted:
Produktet: Indendørs.
Udførsel: Strand, åbne arialer etc.
Kun fantasien sætter grænser
Årstid:
Alle årstider, afhængig af vejret.
Målgruppe:
Børn og unge

Slædedrager giver ikke kun mulighed for kreativ udfoldelse og æstetiske læreprocesser, men også muligheden for at komme ud på eksempelvis stranden, hvor der er højt til loftet og plads til alle. Det er en nem og enkel aktivitet, som ved enkelte justeringer kan benyttes inden for alle tre specialiserings områder, hvilket gør aktiviteten attraktiv for dig og din brugergruppe. På forholdsvis kort tid kan du få stablet en god og dragende aktivitet på benene.

Aktiviteten omhandler processen i at lave en slædedrage. Dragen kræver mange af de samme materialer som når man laver en almindelig drage med plasticpose, pinde, tape og snor. Forskellen ligger i, hvordan posen og pindene er sammensat og derved stabiliteten i dragens funktion, når den er oppe i luften.

56

Aktiviteten er med udgangspunkt i børn og unge, men med et afsnit der forklarer, hvordan du kan tilpasse aktiviteten inde for mennesker med nedsat funktionsevne og mennesker med sociale problemer.

Pædagogiske overvejelser

Æstetik ses i aktiviteten, da man automatisk vil fremme individets sanser, oplevelser, følelser og det kunstneriske. I denne aktivitet bliver både de indre og ydre sanser aktiveret og styrket. Af de indre sanser bruges muskel-led sansen (kropsbevidsthed) også kaldet den proprioceptive sans. Dette er både under selve processen i at lave dragen, men lige så meget i at komme ud og få den til vejrs. Hovedets bevægelse og balance (den vestibulære sans) er også til stede, i og med at børnene er i bevægelse. Af de ydre sanser er syns, høre, lugte og føle - sansen (den taktile sans) ligeledes i spil, under både processen og udførslen. Brugen af sanser er naturligt, men fokus på dem er nødvendigt, det samme er motorik som i mange tilfælde går hånd i hånd med sansestimulering. Processen i at lave en drage berører finmotorikken, i og med man skal være fingernem, når den skal samles og dekoreres. Af redskaber bliver der brugt saks og tuscher, som styrker finmotorikken. Grov motorikken bliver brugt når pindene bliver savet til, og når dragen skal flyves med.

At komme ud og gå, og prøve at få dragen i luften styrker grovmotorikken på den måde, at man bruger kroppens store bevægelser. Aktiviteten giver samtidig mulighed for at være fælles om noget, enten ved individuelt arbejde eller i små grupper. Dette kaldes et fælles tredje. På baggrund af aktiviteten kan der eksempelvis opstå nye relationer, hvilket er med til at gavne brugernes sociale færdigheder/kompetencer. De kan på den måde blive inkluderet ind i en ny social arena. Der opfordres selvfølelig til, at man er åben og imødekommende og at der tages højde for brugernes individuelle udviklingstrin. På den måde kan flest muligt deltage, uanset baggrund og forudsætninger. Når vi i vores pædagogiske arbejde opstiller en aktivitet er det vigtigt at have overvejet mulighed for at inkludere flest muligt, da aktiviteten er rammen for et fællesskab.

Fremgangsmåde

1: Klip 10 cm af bunden på plasticsækken.

2: Klip posen op i det øverste lag på midten og fold posen ud.

3: Klip som der illustreres ved punkt 3 og 4 på tegningen. Målene skal være 1/3 og 2/3.

4: Fastgør pindene med gaffatape (Illustreret med lilla farve på tegningen)

Redskaber (1 drage):
Plastikpose / sæk
2 bambus lignede pinde
1 rulle gaffatape
2 tændstikker
1 rulle sejlgarn eller anden holdbar / stærk snor
Saks
Sav
Tuscher til at dekorere

5: Lav derefter to små huller med en saks, hvor tændstikkerne skal fastgøres.

6: Klip en snor på 90 cm og bind en tændstik fast i hver ende af snoren, kom tændstikkerne igennem hullerne og fastgør enderne på bagsiden med gaffatape

7: Midt på snoren laves en lille løkke.

8: Fastgør en ca. 25-30 meter lang "flyveline" til "styresnorens" løkke.

Dekoration

Halen kan laves ved at klippe en ny sæk op. Denne laves der lange strimler af og disse fastgøres med tape i bunden midt for (1,5 cm). Derudover kan man bruge eksempelvis silkepapir til yderligere pyntning. Derefter males og dekoreres dragen med sprittuscher.

Din drage er nu klar til at flyve - god vind!

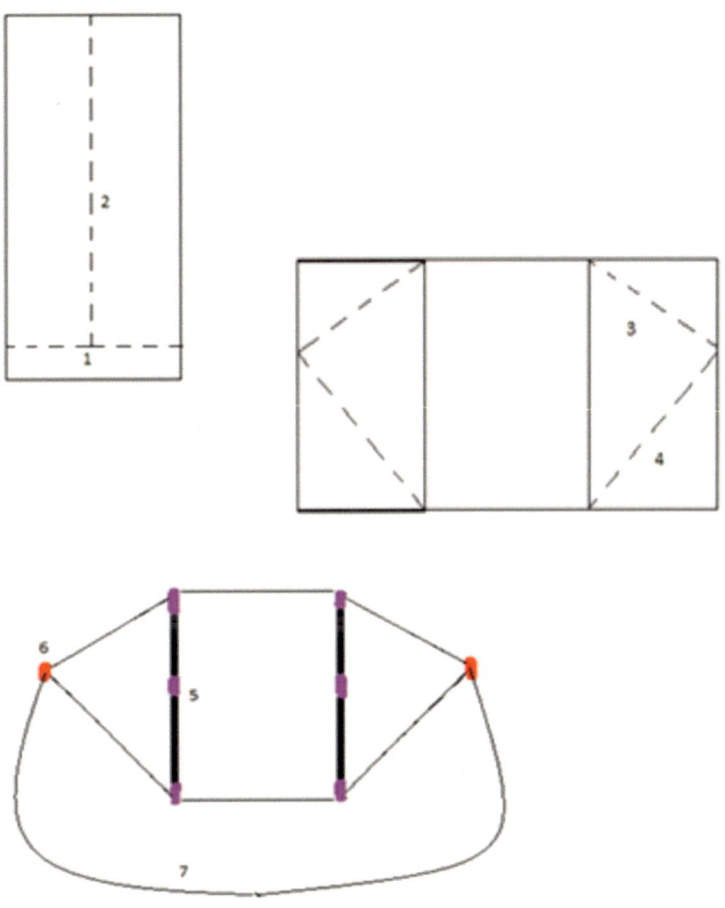

Tips og ideer

Mennesker med sociale problemer

Det kræver små justeringer at bruge slædedragen som aktivitet i et socialpædagogisk perspektiv. Noget af det vigtigste med denne brugergruppe er at skabe et formål for aktiviteten, som ikke kun behøver at omhandle dragen, men også kan handle om brugernes sociale færdigheder og samarbejdsevne.

Mennesker med nedsat funktionsevne

At tilpasse denne aktivitet til mennesker med nedsat funktions evne, varierer meget i forhold til handicap og individuelle forudsætninger.

Hvis personen / personerne er forholdsvis velfungerende, eksempelvis en person med Downs syndrom eller let hjerneskade, ville personen med minimal støtte kunne udføre denne aktivitet på lige fod med de fleste. Med lidt ekstra tydelighed vil det være en aktivitet som de vil elske.

Mennesker der er sværere handicaps, har svært ved at udføre aktiviteten, men du kan som pædagog overveje at bruge 30 minutter på at lave dragen, og så tage borgerne med ud og flyve med dem. Her lægges fokus på det at komme ud, se noget sammen og flyve dragen.

Inspiration til videre læsning

Til videre læsning omkring sanser, udvikling, håndmotorik etc., kan bogen bevægelse og udvikling af Lise Ahlmann (2008) anbefales.

Til videre læsning omkring æstetik og æstetiske læringsprocesser, kan bogen *Plant et værksted* af Suzanne Ringsted og Jesper Froda (2008) anbefales.

Kære igangsætter!

Vi håber, at det har været god læsning og drejebøgerne vil give jer gode oplevelser. Bogprojektet har været lærerigt og givet os lyst til efterfølgende at gøre simple projekter til noget ekstra. Med igangsætterlyst og en god brainstorm kørte projektet med forholdsvis få bump på vejen. Bogen har forsøgt at ramme bredt og vi håber at have ramt aktiviteter lige præcis for din målgruppe; hvad enten det er sansestimulering, motorisk træning eller æstetiske udtryk.

Så lige meget, hvilken årstid I er i og hvor I skal hen, er der kun en ting tilbage at sige – sæt i gang!

Til egne notater